Dr. Hemma Häfele

Grundschul-Rechnungen leicht(er) gemacht

Tipps für Eltern, Lehrkräfte und Therapeuten

Addition, Subtraktion, Multiplikation, Division,
Uhrzeit, Umwandlung von Maßeinheiten, Sachaufgaben

Impressum

Bibliografische Information der Deutschen Nationalbibliothek: Die Deutsche Nationalbibliothek verzeichnet diese Publikation in der Deutschen Nationalbibliografie; detaillierte bibliografische Daten sind im Internet über dnb.dnb.de abrufbar.

Autorin:

Dr. med. Hemma Häfele
Studium der Medizin, Psychologie und Psychotherapie
Beratungspraxis für Lernstörungen und psychische Probleme
für Kinder, Jugendliche und Erwachsene
www.lernpraxis.org

Layout: Hemma Häfele, Hartmut Häfele, Theo Bloderer
Lektorat: Hartmut Häfele

© 2019, Hemma Häfele, Hartmut Häfele
Herstellung und Verlag: BoD – Books on Demand, Norderstedt

ISBN: 978-3-749486175

Datum der Erscheinung: September 2019
Bildquellen: Eigene Illustrationen, openclipart.org

Inhalt

Vorwort

Schreckensfach Mathematik

*Die Furcht vor der Mathematik
steht der Angst erheblich näher als der Ehrfurcht.*
Felix Auerbach (1856-1933), deutscher Physiker

Bei vielen Menschen ruft allein der Gedanke an Mathematik unangenehme Erinnerungen an ihre Schulzeit wach. Mathematik gilt bei sehr vielen Schulkindern als Problem-Fach Nummer eins. Dabei scheint die weit verbreitete Angst vor diesem Schulfach eine große Rolle zu spielen.

Laut einer Studie der österreichischen Arbeiterkammer vom 02.06.2017 **lernt ein Großteil der Schulkinder mit ihren Eltern (neben zusätzlicher Nachhilfe).** Die Dunkelziffer der geleisteten Unterstützung durch Eltern und/oder Nachhilfe liegt sicher höher.

Prozent der Eltern

Schulen	insgesamt	täglich
Volksschule	86	50
Neue Mittelschule	75	25
AHS Unterstufe	73	8

Zwei Drittel aller Nachhilfestunden werden **für Mathematik** verwendet (der Rest verteilt sich auf Deutsch und Fremdsprachen).

Lernstörungen wie Legasthenie (Lesen und Schreiben) und Dyskalkulie (Rechnen) werden entweder gar nicht oder zu spät erkannt, beziehungsweise häufig auch nicht durch angemessene Förderung berücksichtigt.

Die betroffenen Schüler/innen konsumieren reichlich Nachhilfe - häufig ohne merkliche Erfolgserlebnisse. Das „mathematische"

Selbstvertrauen sinkt auf ein Minimum. **Manche Kinder erleben regelrechte Traumen** wegen laufender Verunsicherungen und Kränkungen durch Lehrkräfte, Eltern oder Mitschüler/innen.

Das Hexeneinmaleins

„Du musst versteh'n!
Aus Eins mach Zehn
und Zwei lass geh'n
und Drei mach gleich,
so bist Du reich.
Verlier die Vier,
aus Fünf und Sechs",
so sagt die Hex',
„mach Sieben und Acht,
so ist's vollbracht:
Und Neun ist Eins,
und Zehn ist keins.
Das ist das Hexeneinmaleins.

Faust 1, Johann Wolfgang von Goethe

Das **Einmaleins** scheint für viele rechenschwache Kinder sehr lange ein bedrohliches „Hexeneinmaleins" darzustellen. Rechenschwache und legasthene Kinder haben meistens große Mühe, das 1x1 zu erlernen, zu erinnern und schnell genug abzurufen.

Auch der Erwerb, sowie der schnelle Abruf weiterer **Grundrechnungen wie Addition, Subtraktion, Multiplikation, Division** fällt diesen Kindern schwer.

Daher bietet das vorliegende Buch entsprechende Hilfen an. Werden diese Rechenarten mit einiger Sicherheit beherrscht, ist eine stabile Grundlage geschaffen, die mehrstufige Multiplikation und Division, das Umwandeln von Maßeinheiten sowie Textaufgaben erfolgreich zu bewältigen. Auch zu letzteren Bereichen werden hier - in meiner Praxis über lange Zeit erprobte - wirkungsvolle Maßnahmen dargestellt.

Allgemeine Tipps
für eine konstruktive Arbeitshaltung

Ein friedliches Lernklima
ist für das erfolgreiche Lernen unbedingt notwendig.

Eine gute **Beziehung** zwischen Kind und Betreuungsperson ist für ein effektives Lernen unerlässlich. Positive Lernerfolge können durch ein spannungsgeladenes Klima beeinträchtigt oder sogar verhindert werden. Man sendet - mit und ohne Worte - bewusst und unbewusst - laufend **positive oder negative Signale** an sein Gegenüber. Das Kind spürt in der Regel sehr schnell die Gereiztheit seines Lern-Begleiters. So kann es sich nicht konstruktiv an schwierige Situationen anpassen. Solch eine **angespannte Lern-Situation** sollte unbedingt **abgebrochen** und später, aber am selben Tag - bei besserer Laune - **weitergeführt** werden.

Loben Sie das Kind auch für kleinste Fortschritte und vermerken Sie diese **schriftlich.** Der Einsatz eines **Belohnungsprogramms** kann die Motivation erheblich verbessern (siehe weiter unten).

Vermeiden Sie verbale Aufforderungen, da die Kinder ja sowieso genau wissen, was Sie von ihnen erwarten.

Fassen Sie ihr Kind am Arm oder an der Schulter an und nehmen Sie **Blickkontakt mit ihm auf, um wieder Aufmerksamkeit** zu erlangen.

Verabreden Sie für bestimmte **Regeln Handzeichen oder gezeichnete Symbole,** die gereizte verbale Anweisungen unnötig machen, indem Sie auf diese zeigen: z.B. für „Stopp, Langsam, Achtung ..."

Konstante Durchführung
eines Belohnungsprogramms

Mit dem Kind sollte ein mündlicher oder - noch besser - ein schriftlicher **Vertrag** abgeschlossen werden, der die folgenden prinzipiellen **Verhaltensweisen** und **Trainingsziele** festhält.

Um ein konstruktives Lernverhalten zu erreichen und aufrechtzuerhalten, sollte eine **vorher abgesprochene** - materielle oder nicht materielle - **Belohnung** eingesetzt werden, welche bezüglich Qualität und Quantität Ihrem Erziehungsstil angepasst ist.

Die „Überstunden" für die neben der Hausaufgabe zusätzlichen Rechen-Übungen sollten belohnt werden. Für die **willige Arbeitshaltung** und nicht für die gute Leistung bekommt das Kind Punkte (z. B. für 10, 15 oder 20 Minuten 1 Punkt). 10 Punkte werden dann **sofort** gegen die **ausgemachte Vergünstigung** eingetauscht.

Die gemessene **vertrödelte Zeit** soll von der Dauer einer Lieblingsbeschäftigung des Kindes abgezogen werden. Schauen Sie **wortlos auf die Uhr,** wenn das Kind trödelt. Lassen Sie sich dabei auf keine verhandelnden Diskussionen oder neuerlichen Erklärungen ein. Der **Blick auf die Uhr soll Ihre einzige Reaktion** bzw. das Signal für die **folgende Negativ-Konsequenz** sein.

Bewerten Sie (und nicht das Kind) **auch Ihr eigenes Verhalten** durch Punkte und belohnen oder „bestrafen" Sie sich anschließend selbst mit einer angenehmen oder unangenehmen Aktivität. Wenn Sie sich beispielsweise 10 Mal beherrscht haben und mit dem Kind nicht ungeduldig wurden (10 Punkte), belohnen Sie sich mit etwas Gutem, das Sie sich normalerweise nicht gönnen. Etwa 5 Minuspunkte für nicht förderliche Verhaltensweisen sollen eine von Ihnen ungeliebte 50 Minuten dauernde Tätigkeit mit dem Kind als gerechte Konsequenz nach sich ziehen. Seien Sie sehr streng mit sich und „bepunkten" Sie schon die ersten Zeichen Ihrer **Ungeduld** oder **überflüssiger verbaler Erklärungen**. Zusätzlich bekommt das **Kind** für Ihre Minus-Punkte jeweils einen **Plus-Punkt** geschenkt, was es sehr freuen wird. Negativ besetzte Situationen werden dadurch häufig sehr entschärft.

Hängen Sie das Punkte-Protokoll für ALLE sichtbar an einer Wand auf (1 Punkt wird jeweils durch 1 gekauftes, nettes Klebebildchen dargestellt), sodass sich Verwandte und Freunde Ihrer Familie an der positiven Lernhaltung des Kindes mitfreuen und es loben können.

Verwenden Sie für dasselbe Problem **immer dieselben Materialien aus dem Lebensbereich Ihres Kindes**, wie zum Beispiel:

selbst angefertigte Strich-Zeichnungen

Grafiken

Würfel

Lego

Playmobil

echtes Geld

(neue) Farben und Steckwürfel

usw.

Machen Sie während des Lernens häufig **5-Minuten-Pausen** und spielen Sie mit dem Kind irgendein **Bewegungsspiel** (Zimmerball, Pfeilspiel, Zimmertrampolin, großer Gymnastikball, …), bei dem es gewinnen kann. Die Begleitperson muss jedoch 3-5x schwierigeren Bedingungen nachkommen als das Kind, um ihm eine reelle und nicht geschenkte Sieges-Chance zu bieten.

Schreiben Sie die Erfolge des Kindes auf.

Hilfe zur Selbsthilfe: Das Kind findet SELBST durch Ihre Fragen Regeln und Lösungen! Halten Sie Ihre Lösungen SEHR lange zurück! Nur Hilfe zur Selbsthilfe ist wirklich sinnvoll und nachhaltig!

Hinterfragen Sie, was sich Ihr Kind bei der jeweiligen Lösung gedacht hat! **Ihre Hilfe kann dann wesentlich erfolgreicher sein!**

Das Kind soll **aus jedem Problembereich nur 1 Beispiel sehr oft bis zur Perfektion** üben! Das Übertragen auf weitere Beispiele fällt dann viel leichter: **Dieselbe leichte Rechnung** (Division, Textrechnung etc.) soll mehrere Tage lang geübt werden, bis das Kind diese Aufgabe rasch und problemlos beherrscht und Ihnen erklären kann.

Anschließend bearbeitet es **ein mittelschweres und später ein schweres Beispiel** aus derselben Rechnungsart. Bei schwer verständlichen Rechnungen sollten **Strichzeichnungen oder Skizzen** angefertigt werden.

Lesen Sie auch die **Arbeiten des österreichischen Unterrichts-Ministeriums zu den Themen Legasthenie und Dyskalkulie,** welche qualitative Fördertipps und Regelungen für Lehrkräfte und Eltern beinhalten!

Wie man das sprachliche Gedächtnis verbessern kann

Ein **reduziertes sprachliches Gedächtnis vieler der betroffenen Kinder** stellt eine der Hauptursachen für das ständige Vergessen der erlernten Rechnungen dar. Daher besprechen wir im Folgenden Strategien, die zu einer Verbesserung dieser Schwäche führen können. Ein gutes sprachliches Merkvermögen stellt eine sehr wichtige Grundlage für ein **erfolgreiches Lernen** dar.

Reime Hören
kann das sprachliche Gedächtnis verbessern

Lesen Sie dem Kind **TÄGLICH vor dem Einschlafen Reime vor, die mit Bildern illustriert sind.**
Dies kann das sprachliche Gedächtnis und damit auch die Qualität der Aufsätze und die Leistungen im Bereich der Grundrechnungsarten verbessern. Erfahrungsgemäß lieben fast alle Kinder diese gemeinsame Betätigung.

In unserer Beratungstätigkeit erleben wir sehr oft, dass **das tägliche Anhören von Gedichten und Liedern** (z.B. deutschsprachiger Rap und Pop ...) **mit qualitativen Kopfhörern** das sprachliche Gedächtnis und damit das Auswendiglernen von Daten, wie z.B. auch der Grundrechnungsarten erleichtern kann. Für die kleineren Kinder eignen sich hervorragend die mit wunderschönen Videos begleiteten Kinderlieder welche auf YouTube zu finden sind.

Lesen Sie den betroffenen Kindern **über mehrere Jahre hinweg täglich 10-20 Minuten Reime** im Versmaß des Trochäus vor (mit abwechselnd betonter und unbetonter Silbe).

„Ach, was muss man oft von bösen Buben hören oder lesen,
wie zum Beispiel hier von diesen, welche Max und Moritz hießen".

Dieser Sprachrhythmus wird beispielsweise auch durchgehend von Wilhelm Busch verwendet (Honos-Verlag: Wilhelm Busch für Kinder).
Im Globi-Verlag finden sich vielteilige Serien von beliebten **Reime-Büchern (Papa Moll, Globi)**, deren Bilder und Verse mit Erfolg zusätzlich auch zur **Aufsatzbildung** verwendet werden können (www.globi-versand.ch).

Auch die mit hochwertigen Kopfhörern konsumierte, schon „betagte" Comic-Fernseh-Serie „**Rosaroter Panther**" kann mit deren Reimen das sprachliche Gedächtnis fördern (YouTube, Amazon). Sprache und Bildfolge werden hier jedoch sehr schnell dargeboten, sodass es ratsam ist, herauszufinden, ob Ihr Kind auch alles verstanden hat.

Für alles schulische Lernen empfiehlt es sich für Kinder mit reduziertem Sprachgedächtnis **Mikrofon, Aufnahmegerät** (auch Smartphones mit sehr klarer Sprachwiedergabe) **und das Ohr umschließende Kopfhörer** zu verwenden. Das Kind spricht den jeweiligen **Lernstoff sehr deutlich** in kleinen, an sein Gedächtnis angepassten Portionen, nimmt sich dabei auf und hört sich immer wieder an, am Anfang lange zusammen **mit visuellen Vorlagen** (nur der notwendigste Text, große Schrift, Tabellen, Grafiken, Strichzeichnungen, 1x1, einzelne Rechnungen, Materialien …).

Der schnelle Abruf
auswendig gelernter Fakten
(Automatisierung)

Erlerntes ist automatisiert,
wenn folgende Bedingungen gegeben sind:

- Das Erlernte ist leicht und schnell verfügbar.
- Es werden wenig Fehler gemacht.
- Das Erlernen neuer und schwierigerer Rechnungen ist folglich leichter möglich.

Die Automatisierung wird erreicht durch:

- **Tägliches Wiederholen** z. B. des laut gesprochenen 1x1 **immer mit derselben Lernstrategie**

- Darbietung des 1x1 **immer mit derselben Vorlage**

- Eine sehr **deutliche Artikulation**

- Verwendung von **Mikrofon und Kopfhörer**

- Rechenschwache und legasthene Kinder sollen fast ausschließlich **mündlich - kaum handschriftlich -** lernen. Allerdings muss das Kind die **Vorlage** immer vor sich haben, um bei Bedarf nachsehen zu können. Das heißt: Das Kind deckt die Tabelle mit der Hand zu und entscheidet selbst, **ob es nachschaut** oder nicht.

Die Automatisierung wird behindert durch:

○ Ein **Überangebot** an Übungsbeispielen, die nie wirklich verstanden wurden

○ **Zu viel Hausübung und Lernstoff**

○ **Stets wechselnde Vorlagen, Materialien und Strategien**

○ **Lange Lern-Pausen**
Zu lange Pausen innerhalb einer Lern-Sitzung und auch zwischen diesen beeinträchtigen das sichere Einprägen des Gelernten. So können schon ein paar lernfreie Tage bei rechenschwachen Kindern genügen, dass fast alles wieder vergessen wird. Leider brauchen die Betroffenen das tägliche, oft Nerven aufreibende Wiederholen des Gelernten.

Die Pausen innerhalb einer Lernsitzung sollten nach Möglichkeit nicht länger als **5 Minuten** dauern.

Additionen und Subtraktionen
im Zahlenraum 20

Additionen und Subtraktionen im Zahlenraum 20 müssen **auswendig gelernt, sicher beherrscht und verstanden** werden, damit die „höhere Mathematik" erworben werden kann.

Fertigen Sie in deutlich lesbarer **großer** Schrift folgende einzelne **Karteikärtchen** an und **folieren** sie diese.

Ohne Überschreitung des Zehners

2+1	2+2	2+3	2+4	2+5	2+6
2+7	2+8	3+1	4+1	3+4	3+5
3+6	3+7	4+5	4+6	5+1	5+5
6+1	7+1	8+1	9+1	1+0	2+0
10+1	10+2	10+3	11+1	11+2	12+3
12+4	13+6	14+6			

Mit Überschreitung des Zehners

2+9	3+9	4+9	5+9	6+9	7+9
8+9	9+9	3+8	4+8	5+8	6+8
7+8	8+8	4+7	5+7	6+7	7+7
5+6	6+6				

Auf der **Rückseite** steht jeweils das **Ergebnis**, an welchem Sie den Zehner markieren (wie oben). Dieses überschreitet die Zahl 20 nie.

Diese Additionskärtchen werden gleichzeitig auch für die entsprechenden Subtraktionen verwendet (siehe weiter unten).

Durchführung der Addition und Subtraktion

- Karten **ausschneiden** und mit Folie überziehen
- Mit trocken abwischbarem **Folienstift** bearbeiten
- **Täglich 10 – 20 Minuten**
- Jeweils nur mit **3-5 Karten** bis zur Perfektion arbeiten
- Der Schwierigkeitsgrad soll aufsteigend sein, wobei die Rechnungen **nicht der Reihe nach** angeboten werden, wie z. B. 2+3, 2+4, 2+5, ...
- Die gut und schnell beherrschten Rechnungen werden laufend gegen **neue** ausgetauscht.

Das Kind

- spricht dabei **laut** und **tippt** mit dem Finger auf die Zahlen.
- wiederholt diese 3-5 Mal so schnell wie möglich laut - mit oder ohne **Hinschauen**.
- wiederholt diese nur **in Gedanken** ohne Hinschauen.

Umkehraufgaben: Alle Rechnungen sollen auch **jedes Mal umgekehrt** werden:

$$2+8=10 \qquad 8+2=10$$
$$10-8=2 \qquad 10-2=8$$

Das Kind **zeigt dabei laut sprechend auf jede einzelne Zahl,** wobei es natürlich die Karte jeweils **umdrehen** muss.

Ergänzungsaufgaben: Diese werden ebenfalls anhand dieser Kärtchen erlernt, indem die Zahl, die der Leerstelle entspricht mit dem Finger zugehalten wird.

$$\boxed{4+\underline{3}=7} \qquad \boxed{\underline{7}-3=4}$$

$$\boxed{\underline{3}+4=7} \qquad \boxed{7-\underline{3}=4}$$

Additionen und Subtraktionen
im Zahlenraum 100

Kann das Kind alle Rechnungen **schnell und sicher auswendig**, verwendet es dieselben Kärtchen für den **Zahlenraum 100**.

Es schreibt dann jeweils mit einem trocken abwischbaren **White-board-Stift** verschiedene **Zehner vor eine Zahl** und wischt diese später wieder weg.

Zuerst vor die linke Zahl:
Das Kind überlegt zuerst, wieviel Zehner Z es ergibt.

$$2+7= 9 \qquad 2+8 = 10$$
$$52+7=59 \qquad 52+8 = 60$$
$$\qquad\qquad 5Z+1Z= 6Z$$

Später vor die rechte Zahl:
Das Kind überlegt wieder zuerst, wieviel Zehner es ergibt.

$$2+48= 50$$

Dann vor beide Zahlen:
Das Kind überlegt wieder zuerst, wieviel Zehner es ergibt.

Die Summe der Einer soll unter 10 sein:
siehe unten: $1+8=9$

$$11+48 = 59$$

Die Summe der Einer ist 10 oder mehr:
siehe unten: $2+8=10$, $2+9=11$

$$12+48=60$$

$$12+49=61$$

Das Kind überlegt wieder zuerst, wieviel Zehner es ergibt.
Sowohl bei der Addition der Einer: $9+2=11$
und der Addition der Zehner: $1+4=5$
Das ergibt insgesamt 6 Zehner.

Die einzelnen Rechnungen werden zuerst bis zur Perfektion gelernt, bevor man zur nächst schwereren geht.

Werden alle Aufgaben perfekt gekonnt, können Sie die Kärtchen mit einer „festlichen" **Zeremonie** im **Müll** entsorgen und den Erfolg mit Ihrem Kind in einer für beide passenden Weise **feiern**.

Die leere Hundertertafel

Die Arbeit mit der leeren Hundertertafel trainiert die **innere bild-liche Vorstellung** der Rechnungen im Zahlenraum 100 und er-leichtert das **Verständnis für Addition und Subtraktion,** vor al-lem die **Über- oder Unterschreitung des Zehners.** Außerdem wird dadurch auch das Verständnis für den **Stellenwert** von Zeh-nern und Einern sowie für die **Größe** der Zahlen vertieft, da dies strukturiert sichtbar gemacht wird.

Überziehen Sie die Hundertertafel mit einer **Folie.**

Auf dieser arbeitet man mit einem trocken wegwischbaren **Folien-stift** (Whiteboard-Stift).

Zuerst erklären Sie dem Kind, wo sich die **Zahlen** befinden:
Die Zahl 1 befindet sich ganz links, darunter 11, 21, 31, ...
Vor dem Längsbalken in der Mitte steht die Zahl 5,
darunter 15, 25, 35, ...
Die Zahl 10 ist ganz rechts, darunter 20, 30, 40, ...

Das Kind tippt mit dem Stift auf irgendein leeres Feld in der ers-ten - später in den nächsten Reihen und zuletzt durcheinander in verschiedenen Reihen - und benennt mündlich die Zahl, die in die-sem Feld stehen würde oder schreibt diese in das betreffende Feld (was dann gleich wieder weggewischt wird).

Anschließend übt es die **Additionen und Subtraktionen** - schritt-weise von leicht bis schwer, mit und ohne Zehnerüberschreitung.

Bei Rechnungen mit **Über- oder Unterschreitung des Zehners** wird bei Additionen der nächste Zehner und bei Subtraktionen der vorhergehende Zehner verwendet.

Dabei ist es wichtig, dass die einzelnen Felder **nicht abgezählt** werden. Die zu benennende Zahl soll anhand der räumlichen Orientierung an der jeweiligen 5er und 10er-Zahl sofort erkannt werden.

Die in der schulischen **Hausübung** gemachten fehlerhaften Rechnungen werden anhand dieser Tabelle korrigiert und anschließend mehrmals **auswendig** gesprochen.

Das Kind versucht dabei immer, sich die leere Hunderter-Tafel **vorzustellen.**

Bei Bedarf kann es anfangs auch für **die ganze Hausübung** die leere Hundertertafel verwenden.

Die leere Hundertertafel

Zur besseren Vorstellung kann man hier Rechnungen mit farbigen **Steckwürfeln** (im Online-Handel erwerbbar) auf der Hunderter-Tafel legen und die **Über- oder Unterschreitung** plastisch darstellen. Die Würfel sollen genau in das Schema passen, welches man beim Kopieren entsprechend vergrößert.

Der Stellenwert der Zehner und Einer

Wenn das Kind häufig die **Reihenfolge der Ziffern** verwechselt, wie z. B. **54 = 45**, soll es jedes Mal, wenn es entsprechende Fehler macht, folgende Übung durchführen:

Kopieren Sie das Bild auf der nächsten Seite (Verwenden Sie immer dieselbe Vorlage).

Das Kind **klopft mit der rechten Hand** auf den 4-er und spricht laut „vierund…", dann klopft es mit der linken Hand auf den 5-er und spricht „…fünfzig".

Die **Endsilbe „-zig"** oder **„-ßig"** (in dreißig) ist ein zusätzlicher Hinweis auf den Stellenwert der Zehner und wird **sehr deutlich gesprochen.**

Klopfen Sie auf die linke Hand des Kindes und sagen: „Hier sind immer **die großen Zahlen** – nämlich die Zehner."

Bei größeren Schwierigkeiten sollten 5 **zweifarbige Zehner-Stangen** (jeweils 5 gleichfarbige Würfel) und 4 **einzelne Würfel auf die Ziffern** gelegt werden. Das Kind legt die **flache Hand** jeweils auf diese und spricht dazu.

Bieten Sie später mehrere **andere Zahlen** an (67, 43 …), wobei das Kind jeweils die Ziffern klopft und die größere Zahl herausfindet.

Später kann man auch **echtes Geld** verwenden, da dies die Kinder meistens mehr motiviert.

zig

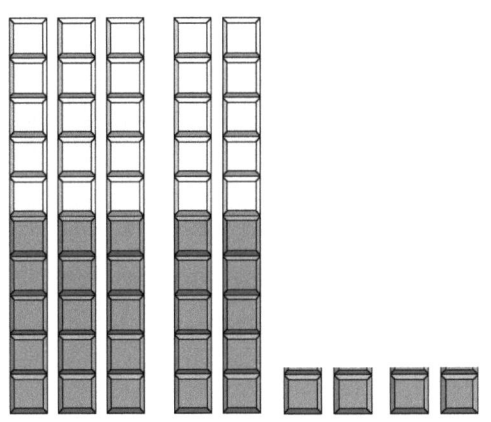

Das 1x1

„Das Einmaleins ist mir bis auf diese Stunde nicht geläufig."
Franz Grillparzer (1791 – 1872), österreichischer Schriftsteller

Was das Kind vor dem Erlernen des 1x1 können muss

- **Stellenwert** der Zehner und Einer
- **Bedeutung der Multiplikation**
- **Umkehrbarkeit der Multiplikation**
  z. B.: 2x3 ist das Gleiche wie 3x2.
- **Nachbar-Aufgaben:**
  z. B. 2x2 ist um 2 weniger als 3x2.
  4x2 ist um 2 mehr als 3x2.

Die Bedeutung der Multiplikation

Bevor das Kind das 1x1 auswendig lernt, muss es **verstehen,** was die Multiplikation bedeutet. Machen Sie die **folgende Übung** immer wieder in regelmäßigen Abständen bis die darin enthaltene Logik perfekt verstanden wird.

- Verwenden Sie dazu **immer dieselben Würfel** und **dieselben einfachen Zahlen.**
- Sagen Sie: „**Gib mir 4x2 Würfel,**
  also 1 x 2, 2 x 2, 3 x 2, 4 x 2 Würfel."
- 4 x 2 Würfel sind insgesamt 8 Würfel: „4.2=8"
- „Wo siehst du hier den 4er, den 2er und den 8er in dieser Multiplikation?"

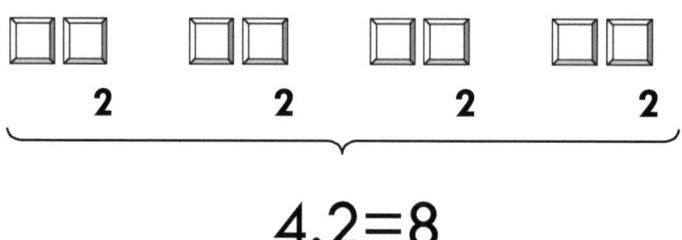

Die Umkehrbarkeit der Multiplikation

$$2 \times 4 = 8$$
$$4 \times 2 = 8$$

$$2.4 = 8$$
$$\Longleftrightarrow$$

Die Nachbaraufgaben bei 1x1-Reihen

$$2 \times 2 = 4$$
$$\boxed{3 \times 2 = 6}$$
$$4 \times 2 = 8$$

Dem Kind muss klar sein, dass **die benachbarten Ergebnisse** der jeweiligen Multiplikation (z. B. von 3.2=6) jeweils um den Betrag (2) der entsprechenden 1x1- Reihe kleiner (obere Reihe: 4) und größer (untere Reihe: 8) sind.

Darum ist es wichtig, beim Auswendiglernen des 1x1 die weiter untenstehenden **1x1-Listen** zu verwenden **und nicht einzelne Kärtchen.**

Die Hälfte und das Doppelte

Die Bedeutung der Begriffe „die Hälfte" und „das Doppelte" ist für viele rechenschwache Kinder nicht wirklich klar. Dies kann anhand **zusammensteckbarer Würfel** verständlich gemacht werden: Machen Sie aus der unten stehenden Darstellung ein foliertes Kärtchen, das man immer wieder verwendet, falls das Kind dies vergessen hat.

Die Hälfte:	40	:	2	=	20
Das Doppelte:	20	.	2	=	40

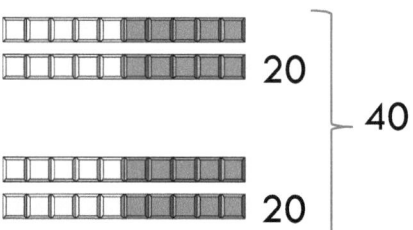

Die Hälfte:	50	:	2	=	25
Das Doppelte:	25	.	2	=	50

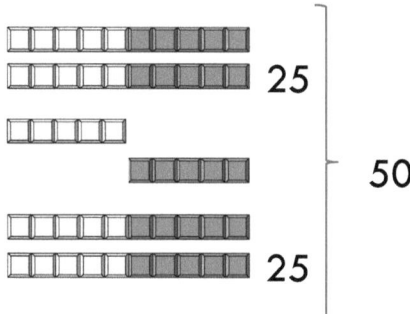

Das Kind **teilt** die Würfelstangen in **2 gleich große Mengen.**
Dann wird dies auch oft mit **30, 70 und 90** Würfeln gemacht.

Dabei soll das Kind verstehen lernen, dass man die Hälfte errechnet, indem man **durch 2 teilt bzw. dividiert**.

Bei einer **ungeraden Anzahl** von 10-er Stangen bleibt eine übrig, sodass so verständlich gemacht wird, dass eine 10-er Stange in 2 Hälften (5 + 5) geteilt wird.

Ebenso kann das **Doppelte** im umgekehrten Weg veranschaulicht werden.

Die 1x1 Tabellen

Das Auswendiglernen des 1x1 ist für viele rechenschwache und legasthene Kinder mit großer Mühe verbunden.
Insgesamt müssen 100 1x1- Rechnungen beherrscht werden.

Da sich die ersten 5 Reihen ja in den nächsten höheren Reihen wiederholen, können **Fortgeschrittene** das 1x1 erst ab der 6-er-Reihe und 5x5 aus der 5-er-Reihe wiederholen und festigen. Allerdings muss das Kind wissen, dass z. B. 3x5 und 5x3 dasselbe ist.

Legasthenikern gelingt die Übersicht besser, wenn man **möglichst viel Schrift einspart**, um sich auf das Wesentliche - **mit großer Schrift** geschrieben - zu konzentrieren. Daher schrieben wir das „Mal"- Zeichen jeder Reihe und die Reihen-Ziffer wie z. B. 3 für die 3-er Reihe nur jeweils 1x pro Hälfte der Reihe.

Die Einer- und die Zehner-Reihe sind für die meisten Kinder so leicht, dass sie diese nicht wirklich lernen müssen.

Die Verwendung der 1x1 Tabellen

Biegen Sie das Blatt entlang der Trennungslinie ab, damit nur mehr wenig Rechnungen zu sehen sind, um die Motivation und Konzentration des Kindes zu erhöhen.

Die 1x1-Rechnungen sollen **immer** auch **umgedreht** werden:

$$4.2 = 8$$
$$2.4 = 8$$

Dies soll auch anhand der Darstellung der Multiplikation mit Steckwürfeln verständlich gemacht werden (siehe weiter vorne).

Dadurch hat das Kind **im Notfall** auch die Möglichkeit, schwieriger zu erinnernde **Multiplikationen** in eventuell leichtere **umzukehren**.

Die **Divisionen** sollen **gleichzeitig** anhand der **1x1-Tabellen** geübt werden, auch wenn diese im Unterricht noch nicht gelernt wurden. Die Verständlichkeit dieser Rechnungsarten wird dadurch erhöht. Zusätzlich wird Zeit gespart, wenn beides auf einmal erworben wird.

$$4.2=8$$
$$2.4=8$$

8 geteilt (dividiert) durch 2 ist 4.
8 geteilt (dividiert) durch 4 ist 2.
                    oder:
2 in 8 ist 4
4 in 8 ist 2

Welchen dieser Ausdrücke (*dividiert, geteilt* oder *in*) Sie verwenden, richtet sich nach dem Gebrauch im schulischen Unterricht.

Das vollständige 1x1 für Anfänger

Diese 1 x 1-Version beinhaltet
alle vollständigen Reihen des kleinen 1 x 1.

Folgende Hinweise sind dabei zu beachten:

Nur ein **TÄGLICHES Wiederholen** (außer sonntags) kann einen sicheren und vor allem nachhaltigen Erfolg bringen. Nach mehreren freien Tagen ist eventuell schon alles wieder vergessen. Man kann ja **bei Autofahrten, Spaziergängen u.a. 3-5 Rechnungen** abfragen, ohne eine große Lernaktion am Tisch zu starten.

Biegen Sie das Blatt entlang der Markierungslinie **um.** Das Kind lernt vorerst nur die **1. Hälfte** bis zur Perfektion, dann erst den 2. Teil und **wiederholt** dabei aber auch immer wieder die Rechnungen der 1. Hälfte.

Die jeweils **markierten Rechnungen** stellen sozusagen den **Anker** dar, mit dem man **beginnt.**

Das Kind lernt immer **nur 3 Multiplikationen** der 1. Hälfte der 1x1-Reihe - nicht der Reihe nach, sondern durcheinander - bis es diese sehr gut beherrscht. Damit soll vermieden werden, dass es sich die ganze Reihe bis zur gesuchten Aufgabe vorsagen muss, um das geforderte Ergebnis zu finden.

Anschließend kann man **die 4. und 5. Mal-Rechnung** dazu nehmen und alle zusammen wieder bis zur Perfektion - durcheinander - wiederholen. Bleiben Sie immer so lange bei **derselben Hälfte der 1 x 1-Reihe,** bis die Rechnungen **gut und schnell** abrufbar sind.

Nach jeder geübten Reihe müssen jeweils die anderen schon erlernten Reihen **immer wieder wiederholt** werden, bis das Kind diese verlässlich im **Langzeitgedächtnis** gespeichert hat und die Rechnungen nicht mehr so leicht vergisst. Dies kann auch zwischendurch geschehen, indem man tagsüber öfters 3-5 Rechnungen abfragt.

Später sollten die 1x1-Reihen nur mehr **als In-, Geteilt- oder Dividiert-Rechnungen** wiederholt werden (8 geteilt / dividiert durch 2 ist 4 oder 2 in 8 ist 4, je nach der entsprechenden Benennung im Unterricht). Dadurch wird die Multiplikation automatisch mit geübt. Voraussetzung ist natürlich wieder, dass das Kind versteht, was die Division bedeutet. Dies wird für die Kinder mit Hilfe der **Steckwürfel** meistens leicht verständlich (siehe weiter vorne).

Nach jeweils **20 Minuten** sollte das Gelernte noch einmal **wiederholt** werden, damit der Lernstoff im **Langzeitgedächtnis** gespeichert werden kann.

Die sichere Abrufbarkeit des 1x1

Dafür müssen folgende Aspekte beachtet und geübt werden:

Zur besseren Einprägung muss eine **sehr deutliche Artikulation** der 1x1 - Ziffern vorab gründlich mit **Mikrofon und Kopfhörer** trainiert werden, um Verwechslungen zu vermeiden (z. B. 14 mit 40).
Das Kind **liest** vorerst die **erste Hälfte** des 1x1 **mehrmals laut vor**, nimmt sich dabei mit einem **Aufnahmegerät** auf und **hört** sich dann mehrmals an.
Dann liest es lediglich die **Ergebniszahlen** der jeweiligen Hälfte von oben nach unten vor, nimmt sich dabei wieder auf und hört das Aufgenommene wiederum mehrmals ab.

Das schnelle Lesen der jeweiligen Hälfte des 1x1 soll auch zwecks **Stress-Training** unter Verwendung einer **Stoppuhr** trainiert werden. Die Zeiten werden immer **aufgeschrieben**. Wenn sich die Leistung des Kindes nicht mehr steigert, macht man erst wieder am nächsten Tag weiter.

Machen Sie dabei einen Wettbewerb mit Rollentausch, indem Sie dasselbe machen und das Kind sozusagen als Lehrkraft Ihre **Zeit** stoppt, wobei Sie eventuell **3-5x** so schnell sein müssen, damit das Kind eine reelle Gewinn Chance hat. Diese Bedingung wird jeweils an das Können des Kindes angepasst. **Protokollieren** Sie die einzelnen „Siege". Die laufende Rückmeldung der verbesserten Leistung kann die Motivation des Kindes sehr erhöhen.

Vertiefung und Automatisierung der gelernten 1x1 Reihe

- **Lautes** rhythmisches Nachsprechen oder Lesen

- Mit dem Finger dabei auf die einzelnen Zahlen **tippen**

- **Leises** Nachsprechen mit und ohne **Hinschauen**

- **In Gedanken** wiederholen ohne Hinschauen

- **3-5x mal so schnell wie möglich** laut wiederholen

- **Wiederholung des Gelernten nach 20 Minuten,**

  damit dieses im Langzeitgedächtnis gespeichert wird.

1 . 1 = 1

2   2

3   3

4   4

5   5

---

6 . 1 = 6

7   7

8   8

9   9

10   10

1 . 2 = 2

2   4

3   6

4   8

5   10

---

6 . 2 = 12

7   14

8   16

9   18

10   20

1 . **3** = 3

2   6

3   **9**

4   12

5   15

---

6 . **3** = 18

7   21

8   **24**

9   27

10   30

1. 4 = 4

2   8

3   12

4   16

5   20

---

6. 4 = 24

7   28

8   32

9   36

10   40

1. **5** = 5

2   10

3   15

4   20

5   25

---

6. **5** = 30

7   35

8   40

9   45

10   50

$$1 \cdot 6 = 6$$
$$2 \quad\quad 12$$
$$3 \quad\quad 18$$
$$4 \quad\quad 24$$
$$5 \quad\quad 30$$

$$6 \cdot 6 = 36$$
$$7 \quad\quad 42$$
$$8 \quad\quad 48$$
$$9 \quad\quad 54$$
$$10 \quad\quad 60$$

1 . **7** = 7

2   14

3   **21**

4   28

5   35

---

6 . **7** = 42

7   49

8   **56**

9   63

10   70

1 . 8 = 8

2   16

3   24

4   32

5   40

---

6 . 8 = 48

7   56

8   64

9   72

10   80

1 . 9 = 9

2 18

3 27

4 36

5 45

---

6 . 9 = 54

7 63

8 72

9 81

10 90

$$1 \cdot 10 = 10$$
$$2 \qquad 20$$
$$3 \qquad 30$$
$$4 \qquad 40$$
$$5 \qquad 50$$

$$6 \cdot 10 = 60$$
$$7 \qquad 70$$
$$8 \qquad 80$$
$$9 \qquad 90$$
$$10 \qquad 100$$

Das reduzierte 1x1 für Fortgeschrittene

Für **Fortgeschrittene** ist es sinnvoll diese reduzierte Version mit lediglich **35 Rechnungen** zu verwenden. Die doppelt vorkommenden (z. B. 3x5=15 und 5x3=15) scheinen nur einmal auf, wobei die Kinder diese jeweils fehlenden Rechnungen durch Umdrehen der vorliegenden Multiplikation dazu sagen.

Zusätzlich sind die verbleibenden acht Rechnungen der 2er-Reihe und die eine der 5er-Reihe für die meisten Kinder relativ einfach zu merken, sodass im Endeffekt also nur noch **18 Rechnungen** mehr oder weniger schwer zu erwerben sind.

Das tägliche Wiederholen der 1x1-Reihen

Folgendes ist dabei einzuhalten:

Nur ein **tägliches** Wiederholen - außer sonntags - verspricht einen sicheren Erfolg. Nach einer mehrtägigen Pause kann schon alles vergessen sein. Man kann ja bei Autofahrten, Spaziergängen und einfach „**zwischendurch**" zuhause **3-5 Rechnungen** abfragen, ohne eine große Lernaktion am Tisch zu starten.

Biegen Sie das Blatt entlang der **Trennungslinie** um, damit nur mehr wenig Rechnungen zu sehen sind und die Motivation dadurch besser gegeben ist.

Die 1 x 1-Reihen sollten möglichst nur **als In- oder Geteilt-Rechnungen** wiederholt werden (8 geteilt durch 2 ist 4 oder 2 in 8 ist 4), dadurch wird die Multiplikation automatisch mit geübt. Voraussetzung ist natürlich wieder, dass das Kind auch versteht, was die Division bedeutet.

Mit den jeweils **markierten Rechnungen in der Mitte des Abschnittes** beginnt man. Das Kind lernt immer **nur drei Rechnungen** - nicht der Reihe nach, sondern durcheinander - bis es diese sehr gut beherrscht.

Anschließend nimmt man **schrittweise Rechnungen dazu** und wiederholt alle zusammen wieder bis zur Perfektion - nicht der Reihe nach, sondern wieder durcheinander.

Bleiben Sie so lange **bei denselben Rechnungen,** bis diese gut beherrscht werden.

Nach jeder geübten Reihe müssen jeweils die anderen schon erlernten Reihen **wiederholt** werden.

Nach **20 Minuten** muss das Gelernte noch einmal **wiederholt** werden, damit der Lernstoff im Langzeitgedächtnis sicher gespeichert werden kann.

2 . 2 = 4
3   6
4   8
5   10

6 . 2 = 12
7   14
8   16
9   18

$$3 \cdot 3 = 9$$
$$4 \quad 12$$
$$5 \quad 15$$

$$6 \cdot 3 = 18$$
$$7 \quad 21$$
$$8 \quad 24$$
$$9 \quad 27$$

4. 4 = 16

5   20

6   24

---

7. 4 = 28

8   32

9   36

---

5. 5 = 25

6.   6 = 36

    7   42

    8   48

    9   54

---

7.   7 = 49

    8   56

    9   63

8. $8 = 64$

9   72

9. $9 = 81$

Alle Erfolge sollen gefeiert werden

Wenn die Ergebnisse der jeweiligen **1x1- Reihe** sicher beherrscht werden, wird dies in dem untenstehenden 1x1-Pass eingetragen und mit einer vorher ausgemachten Tätigkeit „**gefeiert**", die dem Kind und der Betreuungsperson gemeinsam **Freude** machen.

Am Ende, nachdem alle 1x1-Reihen wirklich gut abrufbar sind, sollte ein vorher geplantes **Fest** gefeiert werden.

Die Mal-Reihen müssen jedoch auch noch nachher immer wieder in Erinnerung gebracht werden, indem man fast täglich „**zwischendurch**" 3 - 5 Rechnungen abfragt.

In der Regel wird das **schnelle Abrufen** der Ergebnisse der **7er-, 8er- und 9er-Reihe lange nicht erreicht**, vor allem, wenn das Kind diese in einer komplexeren Rechnung z. B. bei einem Test benötigt.

Vor dem Erlernen der **2-stelligen Division** oder der **Sachaufgaben** sollten daher vor allem auch diese Mal-Reihen sicher im Gedächtnis abgespeichert und das **schnelle Abrufen** nicht mehr überwiegend von der Tagesverfassung abhängig sein.

Schneiden Sie die folgenden 1x1- Reihen auseinander und **vergrößern Sie jeweils eine Reihe**, um darauf die laufenden Leistungen zu dokumentieren. Somit können die einzelnen Rechnungen bewertet werden mit:

Plus +   Mittel ~   Minus -

Auch die mit + bewerteten Rechnungen sollen zwischendurch **immer wieder wiederholt** werden.

Feiern Sie **nach jeder gelernten 1x1-Reihe** den Erfolg Ihres Kindes.

Ihrer Fantasie sind keine Grenzen gesetzt. Am schönsten ist es für viele Kinder, wenn man **gemeinsam** etwas unternimmt, wie z. B.:

Nach jeder Reihe:
- Kuchen oder Lieblingsessen in der Konditorei, im Restaurant oder zuhause
- Kinobesuch
- gemeinsame Aktivität, die sich das Kind aussucht
- Geld
- einen Abend sehr lange aufbleiben dürfen
- Freunde über Nacht einladen
- etwas ansonsten nicht Erlaubtes ausnahmsweise machen dürfen
- Beschäftigung mit Neuen Medien
- usw.

Nach allen Reihen:
- längerer Ausflug
- Erlebnispark, Legoland, besonderes Schwimmbad
- Museumsbesuch
- etwas Neues kaufen

1 · 1 = 1	1 · 2 = 2	1 · 3 = 3
2 · 1 = 2	2 · 2 = 4	2 · 3 = 6
3 · 1 = 3	3 · 2 = 6	3 · 3 = 9
4 · 1 = 4	4 · 2 = 8	4 · 3 = 12
5 · 1 = 5	5 · 2 = 10	5 · 3 = 15
6 · 1 = 6	6 · 2 = 12	6 · 3 = 18
7 · 1 = 7	7 · 2 = 14	7 · 3 = 21
8 · 1 = 8	8 · 2 = 16	8 · 3 = 24
9 · 1 = 9	9 · 2 = 18	9 · 3 = 27
10 · 1 = 10	10 · 2 = 20	10 · 3 = 30

1 · 4 = 4	1 · 5 = 5	1 · 6 = 6
2 · 4 = 8	2 · 5 = 10	2 · 6 = 12
3 · 4 = 12	3 · 5 = 15	3 · 6 = 18
4 · 4 = 16	4 · 5 = 20	4 · 6 = 24
5 · 4 = 20	5 · 5 = 25	5 · 6 = 30
6 · 4 = 24	6 · 5 = 30	6 · 6 = 36
7 · 4 = 28	7 · 5 = 35	7 · 6 = 42
8 · 4 = 32	8 · 5 = 40	8 · 6 = 48
9 · 4 = 36	9 · 5 = 45	9 · 6 = 54
10 · 4 = 40	10 · 5 = 50	10 · 6 = 60

1 · 7 = 7	1 · 8 = 8	1 · 9 = 9	1 · 10 = 10
2 · 7 = 14	2 · 8 = 16	2 · 9 = 18	2 · 10 = 20
3 · 7 = 21	3 · 8 = 24	3 · 9 = 27	3 · 10 = 30
4 · 7 = 28	4 · 8 = 32	4 · 9 = 36	4 · 10 = 40
5 · 7 = 35	5 · 8 = 40	5 · 9 = 45	5 · 10 = 50
6 · 7 = 42	6 · 8 = 48	6 · 9 = 54	6 · 10 = 60
7 · 7 = 49	7 · 8 = 56	7 · 9 = 63	7 · 10 = 70
8 · 7 = 56	8 · 8 = 64	8 · 9 = 72	8 · 10 = 80
9 · 7 = 63	9 · 8 = 72	9 · 9 = 81	9 · 10 = 90
10 · 7 = 70	10 · 8 = 80	10 · 9 = 90	10 · 10 = 100

1x1-Pass

```
...............
:             :
:    Foto     :
:             :
...............
```

Name:

Geburtstag:

Vorher ausgemachte Feier nach jeder 1x1-Reihe:

1.1	1.6
1.2	1.7
1.3	1.8
1.4	1.9
1.5	1.10

Feier nach allen Reihen:

-------------------------------- beherrscht alle 1.1-Reihen

     Vorname

Datum:

Stempel und/oder Unterschrift

Kind:

Eltern:

Lehrkraft:

Therapeut/in:

Die mehrschrittige Addition und Subtraktion

Die Rechnungen aus dem **20-er-Raum** sollten **auswendig** beherrscht werden und schnell abrufbar sein.

Damit das Kind die Ziffern auch wirklich genau untereinander schreiben kann, empfiehlt es sich, bei der Hausübung unbedingt **groß kariertes Papier** zu verwenden.

Das Kind rechnet die unten folgenden Rechnungen jeweils einzeln so oft LAUT, bis es diese mühelos beherrscht.

Es verwendet dazu immer **dieselbe folierte Kopiervorlage** und schreibt auf dieser über die schon vorhandenen Ziffern, damit es seine **ganze Konzentration auf den Ablauf der Rechnung** richten kann und nicht lange über die jeweilige Ausrechnung der Addition oder Subtraktion nachdenken muss.

Anschließend rechnet es diese Rechnung **mehrmals auf den folgenden leeren Rechenvorlagen selbständig**, bis es die Rechnung spielend beherrscht.

Die kleinen Ziffern („1 weiter") werden beim Rechnen **genau unter die nächste Ziffer** und nicht zwischen 2 Ziffern geschrieben und **eingekreist**. Ansonsten wissen die Kinder oft nicht, wohin diese gehört (links oder rechts).

Bevor das Kind zu rechnen anfängt, **sagt es laut „Plus" oder „Minus"**, da viele Kinder oft einfach mit einem Plus oder Minus weiter rechnen, wenn die vorherige Rechnung auch mit einem solchen durchzuführen war.

	Z	E
		3
+		7
	1	0

	Z	E
		7
+		3
	1	0

	Z	E
	1	0
−		7
		3

	Z	E
	1	0
−		3
		7

	H	Z	E
		7	3
+		1	9
		9	2

	H	Z	E
		9	2
−		1	9
		7	3

	H	Z	E
	7	2	8
+	1	9	9
	9	2	7

	H	Z	E
	9	2	7
−	1	9	9
	7	2	8

Die mehrschrittige Multiplikation

Damit das Kind auch wirklich genau untereinander schreiben kann, soll es später zum Üben **groß kariertes Papier** verwenden.

Das isolierte Üben des dabei auftretenden Problems

Wichtig ist, dass Sie herausfinden, **in welchem der folgenden Bereiche** das Kind Schwierigkeiten hat und diese dann isoliert übt, bevor es sich dann dem ganzen Rechenablauf zuwendet.

- Addition im Zahlenraum 20
- Subtraktion im Zahlenraum 20
- Mal- bzw. In-Reihen
- Bedeutung der Ziffer „Null"
  $0 \times 5 = 0$, $5 + 0 = 5$, $5 - 0 = 5$
- Sicherer Ablauf des Rechengangs

Verfügt das Kind über diese erwähnten Fertigkeiten, bereitet die mehrschrittige Multiplikation meist keine allzu großen Schwierigkeiten mehr.

Das Kind soll die untenstehende Multiplikation so oft LAUT rechnen, bis es diese mühelos beherrscht.

Es verwendet anfangs **mehrmals dieselbe** folierte **Kopiervorlage** und schreibt auf dieser die einzelnen Ziffern einfach ab, damit es sich dem **Ablauf der Rechnung** widmen kann und nicht immer wieder über die jeweiligen 1x1-Ergebnisse nachdenken muss.

Anschließend rechnet es die Multiplikation **mehrmals auf kariertem Papier selbstständig.**

Da rechenschwache und legasthene Kinder häufig Probleme haben, **mit welcher Ziffer** sie bei der Multiplikation und Division zu rechnen **beginnen** müssen, sollen sie den im folgenden Beispiel eingezeichneten **Pfeil** immer nachfahren und bei eigenen Rechnungen selbst machen.

Die kleinen Ziffern („1 weiter, 2 weiter, ...") werden beim Rechnen **genau unter** die nächste zu addierende Ziffer geschrieben und **umkreist**.

		5	4	.	4		
	2	1	6				

		5	4	.	4	5	
	2	1	6				
		2	7	0			
	2	4	3	0			

Checkliste

Diese Liste liegt beim Üben vor dem Kind.

Es orientiert sich anhand der Bilder, ob es alles beachtet hat.

 **LAUT** rechnen

 Pfeil zeichnen

(1) **die kleinen Ziffern** wie „**1 weiter**"

genau unter die obere Zahl

schreiben und **umkreisen**

Runden

Wenn man eine Zahl rundet, gibt man an, wie groß die gesuchte Zahl **ungefähr** ist.

Damit kann man eine Rechnung **schneller** rechnen, bzw. die Ergebniszahl **ungefähr schätzen**.

Beim **Ab**runden wird die Zahl **kleiner**,
beim **Auf**runden **größer**.

| **Abrunden:** | **Die Einer 1, 2, 3, 4** werden **zu** | **0** |
| | 5<u>1</u>, 5<u>2</u>, 5<u>3</u>, 5<u>4</u> „ | 5<u>0</u> |

Aufrunden:	**Die Einer 5, 6, 7, 8, 9** werden zu	**0**
	Die Zehner werden um 1 **mehr**	
	5<u>5</u>, 5<u>6</u>, 5<u>7</u>, 5<u>8</u>, 5<u>9</u> →	6<u>0</u>

Schau auf die Ziffer, <u>rechts</u> neben der Zahl, die man runden muss.

Runden auf:

Zehner → Einer ansehen:

Hunderter → Zehner ansehen:

Tausender → Hunderter ansehen:

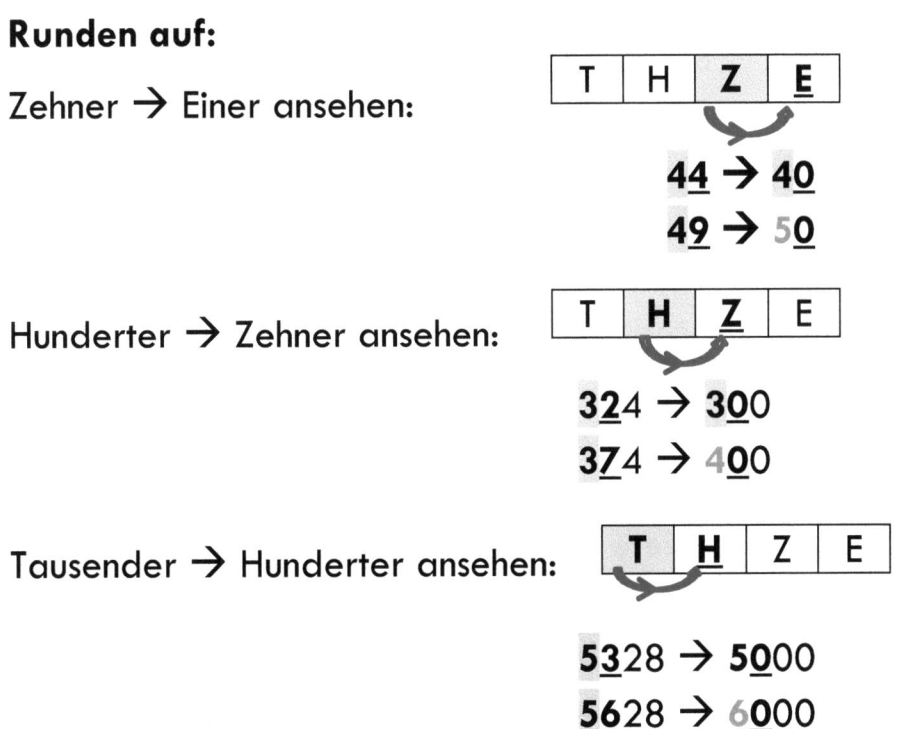

44 → 40
49 → 50

324 → 300
374 → 400

5328 → 5000
5628 → 6000

Die mehrschrittige Division

Damit das Kind ganz genau untereinander schreiben kann,
soll es zum Üben **groß kariertes Papier** verwenden.

Das laute Mitsprechen ist bei allen einzelnen Rechenschritten be-
sonders wichtig. So kann das Kind den Ablauf der Division
beinahe **wie ein Gedicht auswendig** erlernen.

Das isolierte Üben des dabei auftretenden Problems

Wichtig ist, dass man herausfindet, **in welchem der folgenden
Bereiche** das Kind Schwierigkeiten hat und diese dann isoliert übt,
bevor es sich dem ganzen Rechenablauf zuwendet:

- Addition im Zahlenraum 20
- Subtraktion im Zahlenraum 20
- Mal-Reihen
- In-Reihen
- Bedeutung der Ziffer „Null"
  $0.5=0$, $0:5=0$, $5+0=5$, $5-0=5$
- Sicherer Ablauf des Rechenablaufs der Division

Verfügt das Kind über diese Fertigkeiten,
kann die mehrschrittige Division leicht(er) erlernt werden.

Das **Umkreisen der Ziffern** ist sehr wichtig wie etwa bei
③ **weiter**
Das heißt: **Addiere** die Ziffer **mit der darüber stehenden Ziffer.**

Bei jedem Schritt der Division schaut das Kind,
ob der **Rest kleiner** ist als die Zahl, durch die dividiert wird.

in

4	8	:	2	=	2	4
0	8					
	0					

in

4	8	5	:	5	=	9	7
	3	5					
		0					

in

4	8	5	6	:	5	4	=	8	9
	5	3	6						
		5	0	R					

Checkliste

Diese Liste liegt beim Üben vor dem Kind.
Es orientiert sich anhand der Bilder, ob es alles beachtet hat.

   **LAUT** rechnen

    Pfeil zeichnen

①   **die kleinen Ziffern** wie „1 weiter"
genau unter die obere Zahl schreiben
umkreisen

in?   **Abschätzen**

⇓⇑   **Abrunden:** bis 4 oder **Aufrunden:** ab 5

⌣   **Bogen** unter die Zahlen schreiben

R   der **Rest** - in jeder Zeile - **muss kleiner
sein** als die Zahl, durch die man dividiert.
Das Kind muss dies jeweils überprüfen!

Ablauf der Division

$$\text{Dividend} : \text{Divisor} = \text{Quotient}$$
$$4856 : 54 = 89$$

Das geht nicht:

$$4856 : 54 = \quad \cancel{4 : 54}$$
$$4856 : 54 = \quad \cancel{48 : 54}$$

 **Das geht:**

$$4856 : 54 = \quad 485 : 54$$

in?   **Wie oft ist 54 in 485** *drinnen?*

⇩⇧   **Auf- und Abrunden**

54	abrunden:	50
485	aufrunden	490

50 in 490 = 9

wie **5 in 49 = 9**

Uhrzeit

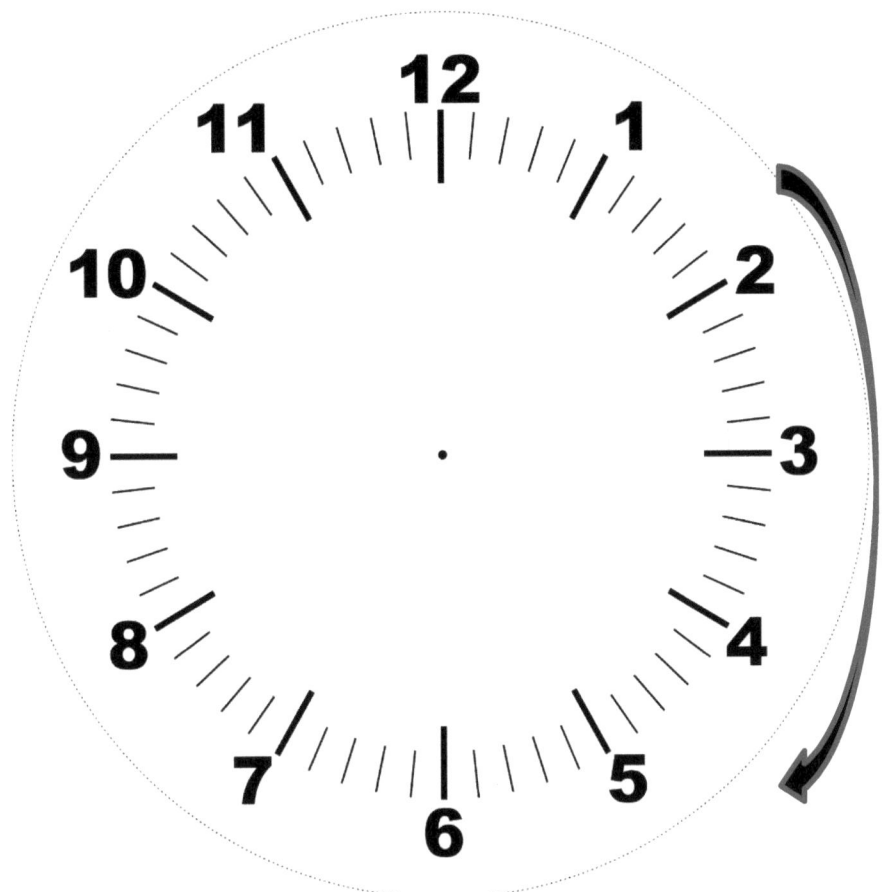

Das Kind

— verwendet nacheinander **beide Uhr-Vorlagen** und trainiert jede, aufeinander folgende Aktion, bis es diese **sicher** kann.

— fährt mit dem **Finger** die Zahlen **1-12** oft ab und spricht **laut** mit.

— zeichnet auf die folierte Uhr mit einem trocken abwischbaren **Whiteboard Stift** vorerst nur den **kleinen Zeiger** und sagt, **wie spät es ungefähr ist.** Welcher Ziffer ist der Zeiger am nächsten?

— zeichnet den **großen Zeiger**

Richtung **12-er** = „große Bahnhof"   = **ganze Stunde**

dann zum **6-er** = „kleiner Bahnhof"   = **½ Stunde**

dann zu den **¼ Stunden** = 3x5   = **15 Minuten**

dann zu den **5 Minuten** (5-er Reihe)   = **5,10,15 …**

dann zu den **einzelnen Minuten**   →

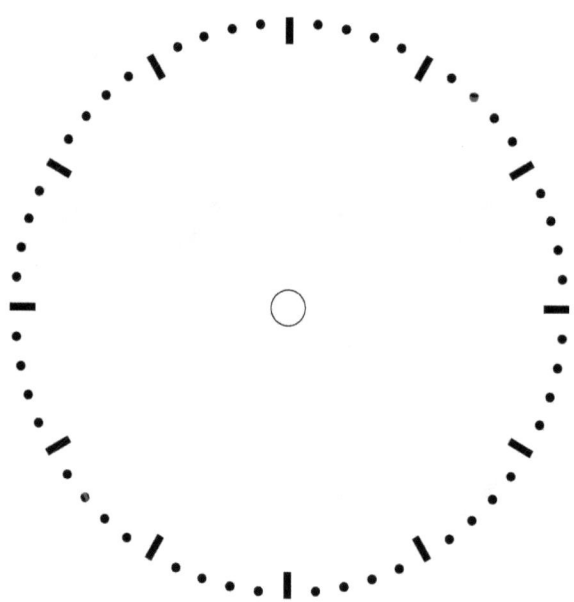

Mila und Jona räumen ihr Zimmer auf.
Beide beginnen um 17:05 **h.**
Mila ist um viertel vor sechs **fertig.**
Jona ist 10 Minuten vor sechs **fertig.**
Wie lange braucht Mila und wie lange Jona?

Umwandeln?
Ja, man muss die **analoge** Uhrzeit - viertel vor sechs - in die
digitale Uhrzeit umwandeln → 17:45.

	Stunden		Minuten	
	1	7 :	4	5
-	1	7 :	0	5
0	0		4	0

Jona braucht um _ Minuten länger oder kürzer als Mila?

Antwort: Mila braucht ____ Minuten, **Jonas** ____ Minuten.

Umwandlung von Maßeinheiten

Diese Umwandlungen fallen den Kindern in den Bereichen schwer,
wo „**Sprünge**" vorhanden sind,
wie z. B. bei den Längenmaßen von m zu km.

Längenmaße

km	m			dm	cm	mm
E	H	Z	E	E	E	E
1	0	0	0			
		2	0	0		
				3	0	5

1km = 1000 m

200 dm = **20m**

3dm 5mm=305mm

Die Kinder lernen **auswendig**:
„**km, Hunderter-m, Zehner-m, Einer-m, dm, cm, mm**"
„**mm, cm, dm, Einer-m, Zehner-m, Hunderter-m, km**"

km	m			dm	cm	mm
E	H	Z	E	E	E	E

Mit allen Tabellen kann man auch addieren und subtrahieren.

Wandle in dm um: 9 km 30m

km	m			dm	cm	mm
E	H	Z	E	E	E	E
9	0	3	0	0		

Das Kind

- O **schreibt** mit wegwischbarem Folienstift die Ziffern in die folierte Tabelle in die entsprechenden **Stellenwertplätze** ein.
- O In die nicht angegebenen Stellenwerte schreibt es eine 0, hier bei Hunderter- und bei Dezimeter.
- O **spricht** dabei, indem es auf die einzelnen Stellen zeigt:
  9 km, 0 H-m, 3 Z-m, 0 E-m, 0 dm
- O spricht laut „**90 Tausend** 300 dm"
- O und schreibt „**90** 300 dm" auswendig."

Mit der Zeit braucht das Kind die Tabelle nicht mehr und spricht die Reihen zu den jeweiligen Angaben **auswendig** dazu.

Wandle 90 300 dm in Kilometer und Meter um!"

Das Kind

- O spricht und schreibt in die Tabelle von rechts nach links:
  0 dm, 0 E-m, 3 Z-m, 0 H-m, 9 km
  das sind „9 km, 30m".

**Bei allen folgenden Maßeinheiten
arbeitet man in gleicher Weise.**

Flächenmaße

km² Quadratmeter, ha Hektar, a Ar,
m² Quadratmeter, dm² Quadratdezimeter,
cm² Quadratzentimeter, mm² Quadratmillimeter

km²		ha		a		m²		dm²		cm²		mm²	
Z	E	Z	E	Z	E	Z	E	Z	E	Z	E	Z	E

Gewichtsmaße

t Tonne, kg Kilogramm,
dag Dekagramm (in Österreich), g Gramm

t			kg			dag		g
H	Z	E	H	Z	E	Z	E	E

Hohlmaße

hl Hektoliter, l Liter
für höhere Schulstufen: dl Deziliter, cl Centiliter, ml Milliliter

hl		l		dl	cl	ml
Z	E	Z	E			

Raummaße

für höhere Schulstufen:

Kubik...: km^3, dm^3, cm^3, mm^3

km^3			m^3			dm^3			cm^3			mm^3		
H	Z	E	H	Z	E	H	Z	E	H	Z	E	H	Z	E

74

Zeitmaße

Jahre	Monate	Wochen	Tage	Stunden	Minuten	Sekunden
J	**Mo**	**W**	**t**	**h**	**min**	**sec**
1	12*	52*	365*			
	1	4*	30*			
		1	7			
			1	24		
				1	60	
					1	60

Das Kind

— umkreist auf der folierten Tabelle mit einem Whiteboard-Stift die Zahlen *, die es für die jeweilige Rechnung braucht.

— entscheidet, ob es multiplizieren oder dividieren muss:

Wenn das **Ergebnis** der Rechnung **größer** wird
als die angegebenen Zahlen: → **Multiplikation**

Wenn das **Ergebnis** der Rechnung **kleiner** wird
als die angegebenen Zahlen: → **Division**

Bearbeiten Sie hierzu auch das weiter hinten im Buch
folgende Kapitel „Sachaufgaben" mit dem Kind:
Verwendung von Kärtchen für **+ - . :**

— Die Rechnung nicht ausrechnen (außer bei Hausaufgaben)

— Bei der Hausaufgabe die Antwort als ganzen Satz formulieren und schreiben

Wie viele Stunden haben 3 Tage?

1 Tag hat 24h
Wird das Ergebnis größer oder kleiner?

3 Tage haben 3 Mal mehr Stunden →
Das Ergebnis wird größer → **Multiplikation**
24 . 3 = 72 h

Antwort: _____

Wie viele Tage sind in 72 Stunden enthalten?

Wird das Ergebnis größer oder kleiner?

Das Ergebnis wird kleiner → **Division**
72 Stunden : 24 Stunden = 3 Tage

Antwort: _____

Die Bearbeitung von Rechengeschichten

Vorlage für allgemeine Strategien

Das Kind

— **liest** nicht den ganzen Text, sondern **jeweils nur einen Satz** und entscheidet, ob oder was man rechnen kann.

— **umkreist** dabei wichtige **Wörter** und **Zahlen samt Maßeinheiten** (cm, kg, ...) und **verbindet** diese durch Bögen.

— schreibt die passenden **Rechenzeichen + - . :** darüber.

— gibt die **Begründung** für die jeweilige Rechenart an.

— **wandelt** die **Maßeinheiten** bei Bedarf gleich **um** und schreibt dies darüber.

— **streicht** überflüssige Wörter oder Sätze **durch.**

— rechnet die **Rechnungen nicht aus,**
da die Grundrechenarten extra geübt werden sollen.
Es **schreibt** diese samt den umgewandelten Maßeinheiten
auf und **hakt** sie in der jeweiligen Zeile als erledigt **ab.**

— versucht, die zum Text gestellten **Fragen selbst** zu finden.

— **denkt dieselbe Rechnung so oft durch,** bis es diese „als Lehrkraft" der Begleitperson „als Kind" flüssig und verständlich **erklären kann.**

— macht **dann erst eine neue etwas schwerere Sachaufgabe** eventuell mit neuen Inhalten.

— **deckt die Antworten** der Fragen in den erklärten Beispielen mit einem Papier **ab und schreibt** diese als ganze Sätze.

Die Begleitperson

– erklärt die Rechnung **zuerst mit ganz einfachen Zahlen**

– prüft, ob das Kind alle **Ausdrücke verstanden** hat und übt
diese bei Bedarf **extra** mit ihm.
Zum Beispiel:

je = jeder, jeweils ...
die Hälfte, das Doppelte ...
mehr als, weniger als
um wie viel mehr, um wieviel weniger ...
insgesamt
Ankunft, Abfahrt
befördern ...

– bietet **Geld, Spielzeug, geliebte Gegenstände, ausgefüllte
und dann leere Tabellen, Strichzeichnungen usw. nur** so
lange an, wie das Kind diese zum **Verständnis** des Rechen-
ganges braucht, um Vorstellungsvermögen und abstraktes
Denken zu trainieren.

– bietet auch **Quatschrechnungen** an, die man gar nicht rechnen kann.

Verwendung von Symbolkarten für + - . :

Die nachfolgenden Symbolkarten **können für viele Arten von Sachaufgaben** verwendet werden.

Kopieren und folieren Sie die folgende Kärtchen-Seite.
Das Kind verwendet diese bei Textrechnungen.
Allerdings ist dies zwar nicht immer möglich, aber fast immer.

Die Rechen-Zeichen für Plus und Mal stehen auf der **großen** Karte, da das Ergebnis bei diesen Rechenarten größer wird als die Zahlen in der Angabe.

Die Zeichen für Minus und Geteilt stehen auf der **kleinen** Karte, da das Ergebnis bei diesen Rechnungen kleiner wird.

Das Kind **wählt** für jede Rechenmöglichkeit im Text die entsprechende **Karte**, je nachdem, ob das **Ergebnis größer oder kleiner** wird.

Nun muss es nur mehr zwischen den 2 Rechnungsarten auf der gewählten Karte entscheiden:
Sind **mehrere gleich große Mengen** ☐☐☐☐ (kg, €, Kisten, ...) zu berechnen, muss man **multiplizieren oder dividieren**, **ansonsten addieren oder subtrahieren**.

Braucht man für die Textrechnung die **Zahl für die Menge 1**, so nimmt man das **1er-Kärtchen**.

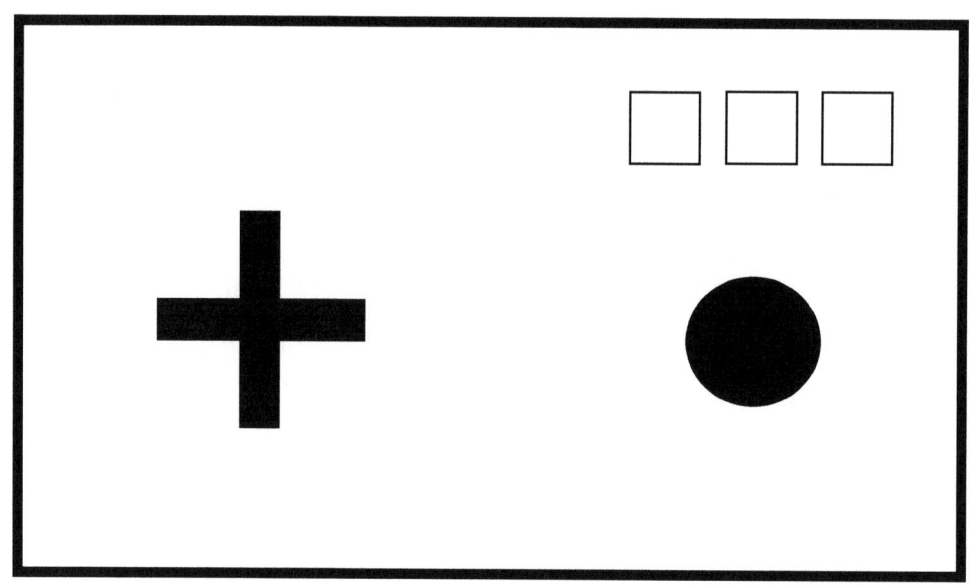

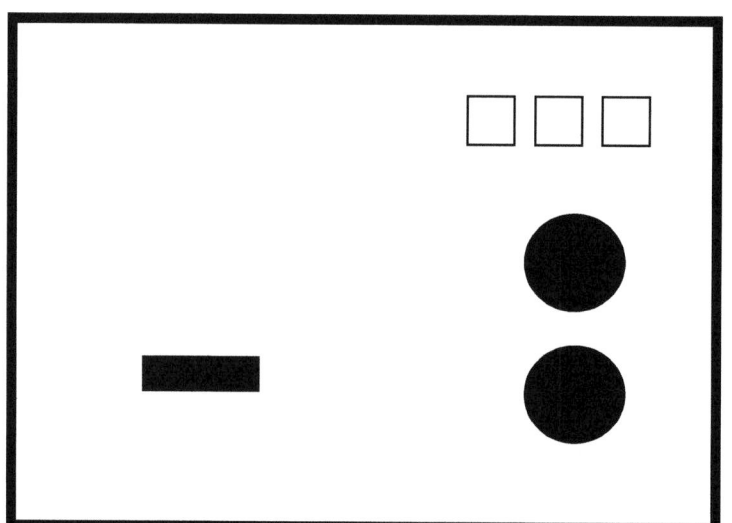

Beispiel

5 kg kosten 35€ , wie viel kosten 3 kg?

Zuerst rechnet man aus, wie viel 1kg kostet:

1 kg kostet 5x um den **gleichen Betrag weniger**:

Man nimmt die **1-er Karte** und **dividiert** durch 5.

$$35:5=7$$

Dann errechnet man 3 kg und nimmt die **große Karte**,

da das Ergebnis größer wird.

Da alle kg **gleich viel kosten, multipliziert** man.

$$7.3=21$$

Antwort:

3kg kosten 21 €

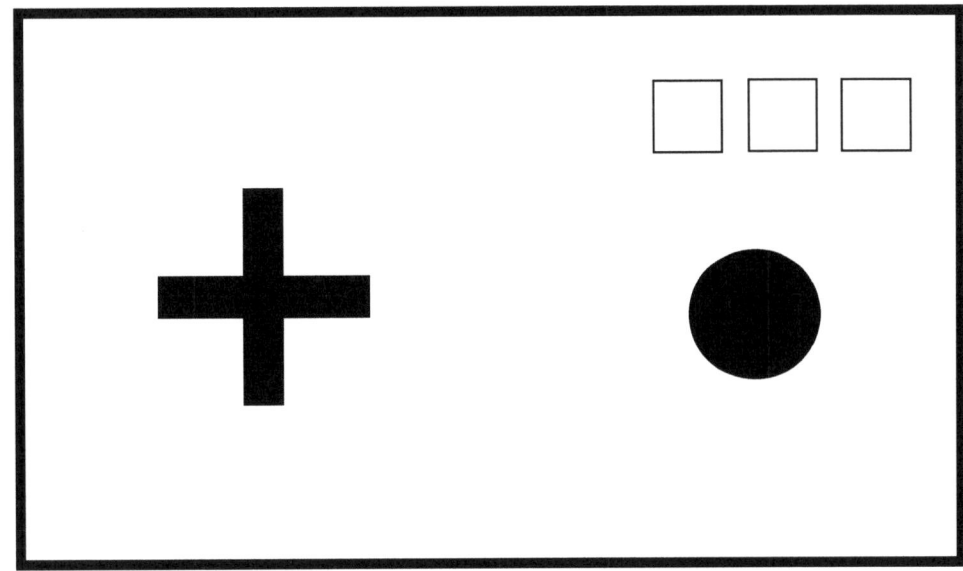

**Rechengeschichten für die 3. Klasse
als grundlegende Beispiele für die Grundprinzipien,
die auch für andere Klassenstufen gelten.**

Das Kind

- **bearbeitet** die hier nicht gelösten Textrechnungen **selbst**.
- wendet diese Strategien auch **bei den Hausübungen** an.
- verwendet dabei die *Vorlage* auf Seite 77 und hält sich an alle beschriebenen Anweisungen, bis es diese völlig beherrscht.

Leonie kauft ~~im Sonderangebot~~ 7 Becher Eis.
1 Becher wiegt 125 g. Wie schwer sind alle zusammen?
Wandle das Ergebnis um!

---

288 Äpfel werden in 6er- Kartons verpackt.
Wie viele Kartons braucht man?

Wie viel ist der 3. Teil von 936?

Tom denkt an eine Zahl.
Er subtrahiert von dieser Zahl 156 und erhält 48.
    a) An welche Zahl denkt Niki?
    b) Durch welche Zahl muss man 48 dividieren,
       um das Ergebnis 8 zu bekommen?

Subtrahiere von 150 das Doppelte von 25 und ziehe vom Ergebnis 20 ab! Teile dann durch 2! Wie heißt die gesuchte Zahl?

Elias bekam ~~zum Geburtstag~~ 4 ~~Comic~~-Hefte mit je 20 Seiten. 3 Hefte hat er schon gelesen.

   a) Wie viele Seiten hat er schon gelesen?
   b) Wie viele Seiten muss er noch lesen?

Mark ist 3 Jahre und 6 Monate alt.

☐ Jakob ist um 8 Monate jünger als Mark.

✛ Ella ist um 1 Jahr und 3 Monate älter als Jakob.

Wie alt sind Jakob und Ella?

Mark	3 J., 6 M.		
Jakob	3 J., 6 M.	-	8 M.
Ella	- „ -	+	1 J., 3 M.

In einem Lift sind 20 Personen.
Im 1. Stock steigen 4 Personen aus,
im 2. Stock verlassen halb so viele den Lift.
im 3. Stock steigen doppelt so viele aus wie im 1.
Wie viele sind jetzt noch im Lift?

Eine 2m 8 cm lange Schnur soll in 8 gleich große Stücke geschnitten werden. Wie lang ist ein Stück?

Frau Müller verdient in einem Tag 50 €.

a) **Wie viel verdient sie in einem halben Tag?**

- Halb oder die **Hälfte** bedeutet: durch 2 dividieren.
- Zum Verständnis mit **Steckwürfeln** darstellen
- Später macht das Kind nur **Strichzeichnungen.**

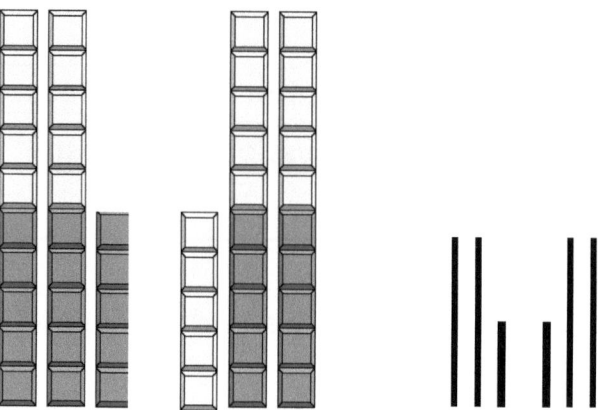

Antwort:

---

b) **Wie viel verdient Frau Müller in 3 Tagen?**

- Wird das **Ergebnis** größer oder kleiner?
  größer → großes Kärtchen
- **Multiplikation oder Addition?**
  3x mehr um den gleichen Betrag von 90 €
  → 90 90 90 Multiplikation

Antwort:

$+$

Leon fährt ~~mit dem Zug~~ 500 km, danach noch 100 km.

~~Das letzte Stück muss er mit dem Bus fahren.~~

Wie weit muss er noch fahren,

wenn er insgesamt 1000 km gefahren ist?

- **Umwandeln?**
  Nein. Es sind immer km!

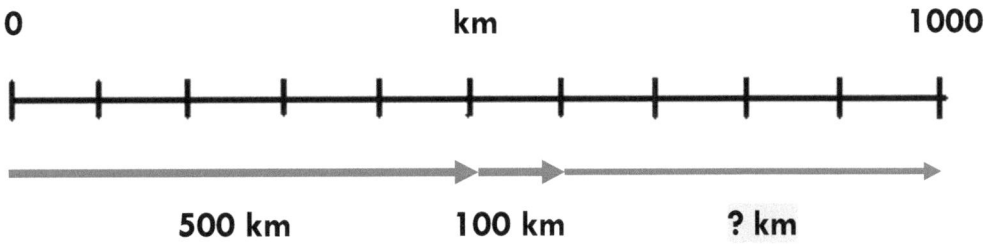

0   km   1000

500 km   100 km   ? km

Von 600 bis 1000km = ?

Antwort:

___

Davids Schulweg ist 420 m lang.
Wie viele Meter geht er täglich hin und zurück?

Skizze zeichnen:

→ 420
← 420

Antwort:

___

Ein Bauer braucht zum Umzäunen seiner quadratischen Wiese 392 m Draht. Wie lang ist 1 Seite?

- **Umwandeln?**

  Nein. Es sind nur m!

- Wird das **Ergebnis** größer oder kleiner?

  kleiner: Man muss nur **1 Seite** berechnen: → **1-er Kärtchen**

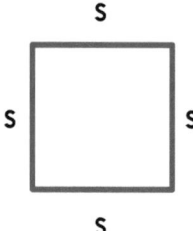

Antwort:

Vater will seinen Garten einzäunen.
Dieser ist 14 m lang und 10 m breit.
Eine Längsseite schließt direkt an das Haus an.
An der Breitseite ist ein Gartentor mit 4 m Breite.
Wie viele Meter Draht muss Vater kaufen?

- **Umwandeln?**

  Nein. Es sind immer nur m!

- Wird das **Ergebnis** größer oder kleiner?

  Größer → Großes Kärtchen

- **Mal oder Plus?**

  Plus: Es sind verschieden große Zahlen → Addition

```
        -------H a u s------
       ┌─────────────────────┐ Tor 4m
+ 10m  │                     │
       │                     │ + (10m - 4m = 6m)
       └─────────────────────┘
            + 14m
```

Antwort:

86

Marcel macht beim Skifahren 3 Sprünge hintereinander.
Der erste Sprung ist 1 m 40 cm, der zweite 9 dm 4 cm und
der dritte 1 m 5 dm 3 cm.
Addiere alle 3 Sprünge. Gib das Ergebnis in m, dm und cm an.

- **Umwandeln?**

    Ja in cm, da hier m, dm und cm angegeben sind.

km	H m	Z m	E m	dm	cm	mm
			1	4	0	
				9	4	
			1 ₁	5	3	
			3	8	7	

Antwort (wieder umwandeln):

_____

Wie viele Gramm sind 7 kg 7 dag?

	t			kg		dag	g
				7	0	7	0

Antwort:

_____

Wieviel Gramm sind 908 Dekagramm?

	t			kg		dag	g
				9	0	8	0

Antwort:

_____

Leas Katze wiegt 3 kg, 24 dag, Annas Hund 4 kg, 8 dag, 7g.
Wieviel wiegt der Hund mehr als die Katze?

- Die Katze wiegt weniger.
  Darum muss man ihr Gewicht vom Hundegewicht abziehen.
- Bei Subtraktionen steht die größere Zahl immer oben.

	t			kg		dag	g
				4		8	7
			-	3	2	4	0
					8	4	7

Antwort:

_____

Noah lernte heute von 14:15 Uhr bis 15:25.
Wie lange hat er gelernt?

_____

Frau Huber arbeitet von 7 Uhr 50 bis 11 Uhr 20.
Pro Stunde verdient sie 30€. Für die Fahrt hin und zurück bekommt sie 17€. Wie viel Geld bekommt sie insgesamt?

Man kann von 20 min nicht 50 min. abziehen.
Darum muss man 1h von 11:20 in Minuten umwandeln → 10:80

Stunden		Minuten	
1 0	:	8 0	
- 7	:	5 0	
3	:	3 0	

Stunden		Minuten	

Nach einiger Übung kann man dies auch so rechnen:

Arbeitszeit:

7:50 bis 10:50 = 3 h

10:50 bis 11:20 =

10:50 bis 11:00 = 10 min

11:00 bis 11:20 = 20 min

30 min. = ½ h

Insgesamt: 3h und ½ h = 3 ½ h

Antwort:

_____

Geld insgesamt:

30 € für 3 h + 15 € für ½ h + 17€ für die Fahrt

Antwort:

_____

Weitere Literatur von Hemma und Hartmut Häfele

Bessere Schulerfolge für legasthene und lernschwache Schülerinnen durch Förderung der Sprachfertigkeiten
Band 1
Informationen zu Theorie und Diagnose
für Therapeutinnen, Lehrerinnen und Eltern

Books on Demand; Auflage: 1 (21. Februar 2009)
ISBN-13: 978-3837090192

Der erste Band beschäftigt sich mit der Beschreibung der **theoretischen Hintergründe** und mit den Grundvoraussetzungen des Lernens und deren Einschränkung durch Erwerbsstörungen der Sprache und der Schriftsprache. Auch die **Vorhersage und Diagnostik von Lernstörungen** werden hier ausführlich behandelt, da diese effiziente therapeutische Handlungsmöglichkeiten eröffnen, welche die negativen Konsequenzen der Lernstörung vermindern, ja manchmal vielleicht sogar vermeiden können. Immer wieder erleben wir, dass eine wissenschaftlich begründete Theorie und eine gezielte Diagnostik eine effektive Lern-Therapie ermöglicht. Die Theorie lehrt uns, in der Praxis das zu beachten, das ansonsten gar nicht bemerkt würde. Umgekehrt dirigieren die praktischen Erfahrungen die Blickrichtung hin zu bestimmten Theorien und Diagnostik-Formen.
Der Bezug zur Praxis wird jeweils in den einzelnen Kapiteln zu anhand von **Beratungsfällen aus unserem Berufsalltag** hergestellt.
Nicht zuletzt wird die Möglichkeit geboten, das eigene **Diagnose-Wissen anhand ausgewählter Fälle zu überprüfen** bzw. zu festigen.
Im Anhang finden sich **ausführliche Fragebögen** für Eltern und Lehrerinnen, deren Inhalte den Praktikerinnen wertvolle Hinweise zur adäquaten Förderung liefern können.

Bessere Schulerfolge für legasthene und lernschwache Schülerinnen durch Förderung der Sprachfertigkeiten
Band 2
Praktische Maßnahmen für zu Hause, für den Unterricht und zur außerschulischen Förderung

Books on Demand; Auflage: 1 (9. Februar 2010)
ISBN-13: 978-3839161623

Die schulische Ausbildung nimmt in der kindlichen Entwicklung einen großen Zeitraum ein und bereitet dem legasthenen Kind und seinen Eltern sehr viel Mühe und Sorge.

In diesem Buch werden daher vor allem Eltern und Lehrpersonen sowie auch Therapeutinnen angesprochen und **die wichtigsten Fördermaßnahmen dargestellt.**

Die - oft stressige, alle Beteiligten belastende - **Hausaufgabensituation** werden wie auch die **Probleme im täglichen Unterricht** näher beleuchtet und konstruktive Strategien zur Verbesserung aufgezeigt.

Das Erlernen und schnelle Abrufen der einfachen Grundrechnungsarten wie **Addition, Subtraktion, Multiplikation und Division** bereiten legasthenen Kindern häufig ernsthafte Schwierigkeiten. Das Beherrschen dieser Grundrechnungen stellt jedoch die Basis für die Entwicklung höherer mathematischer Fertigkeiten dar.

Die hier beschriebenen Förderkonzepte sollen Eltern, Therapeuten und Lehrkräfte anleiten, den Kindern ein **grundlegendes Zahlen- und Mengenverständnis im Zahlenraum bis 100** beizubringen.

In weiterer Folge werden wirksame Hilfen für das Erlernen des **1x1**, der **mehrstufigen Multiplikation und Division, des Umwandelns von Maßeinheiten und des Lösens von Textaufgaben** aufgezeigt.

Ebenso werden Strategien zur **Förderung der sprachlichen Fertigkeiten in Deutsch und Englisch, der Lesekompetenz, des Leseverstehens und der Rechtschreibung** besprochen.

Beide Bücher sind im (Online-) Buchhandel erhältlich.